LA GLOIRE DE LILLE

LA GLOIRE DE LILLE

COUP-D'ŒIL SUR L'ANCIENNE COLLÉGIALE

DE

SAINT-PIERRE

avec un tableau statistique

du mouvement religieux dans l'arrondissement de Lille.

PAR ARMAND PRAT, AVOCAT

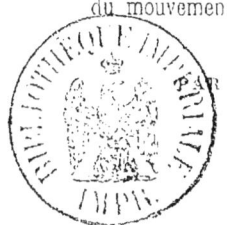

LILLE
L. LEFORT, LIBRAIRE,

IMPRIMEUR DE MONSEIGNEUR L'ARCHEVÊQUE DE CAMBRAI.

1856

LA GLOIRE DE LILLE

PREMIÈRE PARTIE

I

Lorsqu'on parcourt le quartier aujourd'hui désert de la place du Concert et du Palais-de-justice, on ne songe guère plus à la Collégiale de Saint-Pierre ni aux somptueuses constructions qui l'entouraient. A peine une génération nous a-t-elle séparés de ces institutions d'un autre âge, que nous sommes généralement tombés à leur sujet dans une complète ignorance.

On dit bien souvent de notre ville que c'est une cité toute industrielle et positive, et qu'à part le goût de l'art musical, les beaux-arts, comme les belles-lettres, y fleurissent peu, et que l'on y possède à peine quelques noms dignes de mémoire. Il y aurait beaucoup à répliquer à une pareille assertion; mais sans aborder les détails, nous prétendons qu'on est singulièrement injuste envers la Collégiale de Saint-Pierre, en méconnaissant l'influence considérable qu'elle a exercée sur le pays à tous les points de vue.

Les abbayes et les évêchés furent pour presque toutes les villes de l'Occident une source de richesses. Le Chapitre de Saint-Pierre fut à Lille plus qu'une abbaye, il fut presque un évêché [1].

Sous le rapport temporel, le développement de la ville coïncide avec la fondation du Chapitre. Lille ne faisait que de naître. La contrée était encore inculte, couverte de bois et de marais; ses habitants étaient à moitié sauvages. Créer la Collégiale de Saint-Pierre avec ses franchises et ses immunités, c'était créer un centre qui attirerait des habitants, les polirait par l'enseignement et les retiendrait sur un territoire privilégié. De la variété des besoins et pour l'entretien d'une grande et riche corporation allaient naître le commerce et l'industrie. C'est de la sorte que la Commune se préparait libre et puissante. Bauduin a fondé véritablement Lille, moins en bâtissant des tours et des remparts qu'en établissant la Collégiale. Celle-ci, par ses largesses, son enseignement et ses règlements tutélaires, répandit la vie autour d'elle. Cette action large, étendue, fut nécessaire dans les premiers temps. Si elle ne fut plus aussi sensible à mesure que les institutions municipales s'affermirent, elle se continua néanmoins à travers les âges.

La présence d'un grand nombre de personnages d'une haute naissance ou d'une science supérieure devait nécessairement produire un mouvement d'hommes et d'af-

---

[1] Le Chapitre de Saint-Pierre était en possession d'avoir toujours un de ses dignitaires jouissant du titre et des pouvoirs de vicaire-général de l'évêque de Tournai, bien que résidant à Lille.

faires très-important pour la ville qui était encore fort resserrée.

Un simple aperçu suffit pour s'en convaincre. Le Chapitre était composé, outre les dignitaires, de quarante chanoines, de cinquante chapelains ou vicaires, occupés en grande partie les uns à l'instruction des enfants pauvres, les autres à l'enseignement des humanités au collége Saint-Pierre.

Les offices étaient chantés dans notre insigne église avec une pompe inconnue de nos jours par un nombre considérable de musiciens et par dix jeunes choraux, tous nommés au concours et largement rétribués.

La Collégiale avait de grands biens situés au loin et jusqu'aux environs de Cologne et d'Aix-la-Chapelle. Les revenus de ces biens répandaient l'aisance dans la population lilloise.

Cependant, chose digne d'être remarquée, malgré les rapports nombreux et délicats qui existaient entre le Magistrat de la ville et le Chapitre, par suite des priviléges de ces deux Corps et de la juridiction de cette époque, il n'y a point de trace que jamais il se soit élevé entre eux le moindre conflit. On les voit au contraire choisis plusieurs fois comme arbitres pour terminer les dissensions de villes même éloignées.

C'était donc une institution puissante et considérée. S'il n'est pas permis à un Français d'ignorer l'histoire de France, nous Lillois, nous devrions mieux connaître l'organisation de notre antique Collégiale, son influence sur les affaires publiques et sur l'accroissement de la cité, ainsi que la vie de ses principaux membres.

Au point de vue intellectuel et religieux, l'action du Chapitre fut générale. Pendant une suite de siècles il maintint sans contrainte dans notre ville l'unité religieuse, et ainsi évita les excès qui ensanglantèrent tant de cités. Il appela et encouragea plusieurs ordres monastiques, entre autres celui des Dominicains [1].

Les écoles furent fondées par le Chapitre, et pendant longtemps elles brillèrent d'un vif éclat. Raimbert, un de ses membres, célèbre dans la dispute des *réalistes* et des *nominalistes*, attirait, ainsi que Roscelin, la foule autour de sa chaire. A cette époque les écoles de Lille luttaient avec succès contre celles de Douai.

Quand le collége de Saint-Pierre fut devenu insuffisant, et que l'on songea à appeler dans nos murs la compagnie de Jésus [2], justement renommée pour l'éducation de la jeunesse, le Chapitre facilita son établissement et contribua à lui assurer des ressources. Dans ce temps-là l'enseignement était tout-à-fait gratuit à Lille.

Il est donc juste de dire que la basilique de Saint-Pierre était véritablement la personnification morale de la cité.

Pour n'ajouter que quelques faits aux considérations qui précèdent, nous voyons que c'est à Saint-Pierre que prend naissance le culte de N.-D. de la Treille, dont les processions célèbres occupaient tant les esprits.

Dans la même basilique et sur les Evangiles, le Magistrat de Lille jurait obéissance au souverain. Les Lillois avaient obtenu le remarquable privilége de prêter serment de fidélité seulement après que le souverain lui-même avait juré solennellement de maintenir les franchises et libertés de la cité. « Sire, disait le rewart,

---

[1] Après avoir résidé quelque temps dans le faubourg de Lille, hors la porte Saint-Pierre, vers l'emplacement actuel de la rue de Jemmappes, ils se fixèrent au centre de la ville au lieu connu sous le nom du Cirque, et destiné à recevoir l'église de N.-D. de la Treille et de Saint-Pierre.

[2] Voir le témoignage que lui rend feu Mgr Belmas dans son mandement de l'année 1838.

jurez-vous ici que vous garderez et maintiendrez la ville, ses lois, franchises, usages et coutumes, les corps et biens des bourgeois, et les gouvernerez par lois et échevinage, et ainsi jurez-vous sur les saints Evangiles et les saintes paroles qui y sont écrites que le tiendrez bien et loyalement? »

Après le serment du souverain, le rewart à son tour disait : « Sire, nous nous engageons à défendre votre corps et votre héritage du comté de Flandre, et ainsi jurons de le faire loyalement. »

Tous les souverains qui successivement possédèrent Lille se soumirent à cette formalité. Louis XV seul s'y refusa.

A Saint-Pierre, Philippe le Bon tint le premier chapitre de l'ordre illustre de la Toison d'or, qui existe encore en Espagne [1].

Louis XIV, maître de Lille par la conquête, prononça dans la Collégiale le serment ordinaire des comtes de Flandre.

Lors de la prise de Lille par le prince Eugène, les chanoines regrettèrent hautement de ne plus être français. On leur fit des menaces, et le prévôt Bouchart de Champigny fut envoyé en exil.

II

Mettons actuellement en lumière quelques-unes des illustrations du Chapitre de Saint-Pierre, que la génération d'aujourd'hui ne connaît même plus de nom.

---

[1] A la procession du Jubilé séculaire de Notre-Dame de la Treille, célébré à Lille en 1854, Sa Majesté la reine d'Espagne s'est fait représenter comme grande-maîtresse de l'ordre de la Toison d'or par son ambassadeur à Bruxelles.

LAMBERT, chanoine de Saint-Pierre, puis évêque d'Arras.

Entre les grands personnages qui ont illustré la capitale de la Flandre, Lambert tient un des principaux rangs. Plusieurs auteurs le font naître à Lille. Il était de la noble et ancienne maison des comtes de Boulogne, et conséquemment il tenait par le sang à Godefroi de Bouillon, qui, à cette même époque, allait à la conquête de la Terre-Sainte.

Quand le jeune Lambert fut en âge d'étudier, ses parents le confièrent aux maîtres les plus habiles, parmi lesquels on remarque le vénérable Ives, depuis évêque de Chartres. Il se rencontra auprès de ce célèbre professeur avec le bienheureux Jean de Warneton, qui plus tard fut élevé sur le siége épiscopal de Thérouane.

Leurs études terminées, les deux amis eurent la consolation de se rejoindre à Lille, attachés l'un et l'autre à l'église de Saint-Pierre en qualité de chanoines.

Le comte de Flandre, qui venait de construire cette insigne basilique, voulait qu'elle fût desservie par des hommes d'un mérite éclatant. On y remarqua bientôt les brillantes qualités de Lambert. Le pape saint Grégoire VII lui-même ne tarda pas à avoir connaissance de la fermeté et des autres vertus de cet éminent personnage, et à lui donner des témoignages de sa haute estime.

La question importante de la séparation des évêchés de Cambrai et d'Arras venant à être agitée, le souverain pontife Urbain II intervint avec la volonté de mettre le projet à exécution. Il écrivit à cet effet au clergé et au peuple d'Arras, puis au métropolitain, qui était l'archevêque de Reims[1]. Après bien des négociations, on se prépara à faire choix d'un évêque pour le diocèse d'Arras, et afin d'assurer à cette élection toutes les garanties désirables, on voulut qu'elle fût présidée par plusieurs membres du chapitre de Saint-Pierre de Lille, parmi lesquels le chanoine Lambert était nommément désigné.

Tout étant disposé, après un jeûne de trois jours et des prières publiques accompagnées de processions solennelles, le clergé et le peuple de la ville se réunirent le dimanche 10 juillet 1093. Le scrutin étant dépouillé, tous les suffrages se trouvèrent réunis sur Lambert.

Son humilité lui fit d'abord refuser la charge redoutable de l'épiscopat. Ses collègues du chapitre de Saint-Pierre, à leur tour, réclamaient pour Lille celui qu'ils regardaient comme une des gloires de leur insigne église.

Lambert espérait que sa résistance jointe à leurs vœux lui obtiendrait de retourner dans sa chère solitude; mais comme Arras persistait à le vouloir pour évêque et que tout un peuple l'appelait déjà son pasteur et son père, il eut recours à l'autorité du vicaire de Jésus-Christ. Il se rendit donc à Rome, et s'étant jeté aux pieds d'Urbain II, il le conjura d'annuler son élection, alléguant son incapacité. Mais le Pape, après l'avoir embrassé avec effusion, lui ordonna au nom de Dieu et de l'apôtre saint Pierre, d'accepter l'évêché d'Arras par obéissance et pour la rémission de ses péchés. Il voulut même le sacrer de ses propres mains, et cette cérémonie eut lieu le 19 mars 1094.

[1] Jusqu'au règne de Charles-Quint, Cambrai, alors simple évêché, et Tournay relevaient de la métropole de Reims. C'est ce qui explique pourquoi, jusqu'à la révolution française, le prieuré de N.-D. de Fives était demeuré dans la dépendance des archevêques de Reims.

Peu après, Lambert alla prendre possession de son siége.

Il fit son entrée dans Arras au milieu des plus vives acclamations : *Il fut reçu ensuite*, dit Martin Lhermite, *dans Douay, La Bassée et Armentière, comme un vrai père donné du Ciel pour nourrir la Religion dans ces villes et l'estat de Lille, qui jouissait souvent de sa veue et escoutait sa parole.*

Il se fit aider dans son administration par trois hommes d'une haute distinction : Clarembald, chanoine de la Collégiale de Lille, depuis évêque de Senlis; Robert, qui succéda à Lambert lui-même sur le siége d'Arras, et le bienheureux Jean de Warneton, son ami.

Deux ans s'étaient écoulés depuis son sacre, quand Lambert se rendit au concile de Clermont, que le pape Urbain II devait présider en personne. Ce concile est célèbre par la prédication de la première croisade; on y traita aussi de la séparation définitive des évêchés d'Arras et de Cambrai.

Le nouvel évêque d'Arras porta des règlements d'administration d'une sagesse admirable. Il était tellement renommé pour sa prudence, que le souverain-pontife Paschal II lui confia la délicate mission de réconcilier avec l'Eglise le roi de France Philippe Ier, qui avait encouru l'excommunication par le fait de son union adultère avec Bertrade, épouse de Foulques d'Anjou. Le roi se soumit à tout ce que l'Eglise lui enjoignait, et dans une lettre à Lambert, il l'appelle son ami et le qualifie d'évêque fidèle.

Sous son épiscopat, l'Artois fut affligé d'une maladie extraordinaire appelée le *mal des ardents* [1]. C'était comme

---

[1] Il y avait dans l'ancienne église de Saint-Etienne de Lille une chapelle dite *des Ardents*.

un feu intérieur qui consumait les chairs et qui faisait mourir dans les plus vives douleurs. Le vénérable prélat, témoin de cette grande affliction de son peuple, cherchait par tous les moyens à conjurer le fléau. Il pria Dieu avec instances, jusqu'à passer la nuit aux pieds des autels.

Le Seigneur exauça les supplications du bon pasteur, et lui révéla un admirable remède. L'évêque le reçut avec confiance; cent quarante-quatre malades se hâtèrent d'y recourir, et tous furent guéris à l'instant même. Un seul, qui avait tourné en dérision ce secours providentiel, mourut presque aussitôt dans d'affreuses convulsions.

Lambert vécut encore plusieurs années, et il rendit à l'église d'Arras son ancien éclat. Enfin, épuisé par les travaux et par l'âge, il s'endormit paisiblement dans le Seigneur, le 17 mai 1115, laissant après lui une égale réputation de science et d'éminente vertu.

Le B. JEAN DE WARNETON, chanoine de Saint-Pierre, puis évêque de Thérouane.

Jean naquit au village de Warneton sur la Lys [1]. Sa famille, qui jouissait d'une position aisée, était renommée dans le pays par ses habitudes de charité. Son éducation fut confiée aux meilleurs maîtres de l'époque. Il suivit les leçons de Lambert d'Utrecht, et d'Ives, abbé de Saint-Quentin, plus connu sous le nom d'Ives de Chartres, dont nous avons parlé plus haut.

Après avoir reçu les ordres sacrés, il fut admis dans la Collégiale de Saint-Pierre. Son attachement à la dis-

---

[1] Cette paroisse a donné aussi à l'épiscopat Mgr Delebecque, qui, depuis dix-sept années, occupe dignement le siège de Gand.

cipline de l'Eglise, ses talents, la gravité de ses mœurs, le rendirent bientôt célèbre et lui attirèrent au plus haut point la confiance des fidèles. Mais au milieu de la considération universelle, le pieux chanoine, mû par le désir d'une plus grande perfection, songeait à vivre dans la retraite. Il quitta Lille et se retira dans l'abbaye de Saint-Eloi, près d'Arras.

Les circonstances l'en firent bientôt sortir. Les deux diocèses d'Arras et de Cambrai, longtemps réunis, venaient d'être séparés. Lambert de Guines, l'ami de Jean, fut élu évêque d'Arras, et força son ancien condisciple à accepter le poste important d'archidiacre.

A cette époque, l'église de Thérouane était divisée par les menées des grands seigneurs qui voulaient faire servir les choses saintes à leur ambition. Heureusement l'élection désigna le bienheureux Jean pour le gouvernement de cette église. Cette nomination fut aussitôt confirmée à Rome, et le pape Urbain écrivit à l'humble archidiacre une lettre de félicitations. Celui-ci fut obligé d'accepter le fardeau. Sa consécration eut lieu à Reims.

Son premier soin fut de s'entourer d'hommes éclairés. Il attira près de lui Conon d'Arrouaise, depuis évêque de Preneste et légat du Saint-Siége en France, Lambert de Saint-Bertin, Bernard de Watten et Gérard de Ham. Avec leur concours, il entreprit vigoureusement la réforme de nombreux abus.

C'est le sort des saints d'être en butte aux persécutions. Plusieurs fois on voulut attenter aux jours de l'intrépide évêque ; mais la Providence fit toujours échouer les desseins perfides des assassins. Elle manifesta même son intervention d'une manière remarquable dans une circonstance critique.

Le bienheureux Jean se trouvait au village de Merchem entre Ypres et Dixmude. L'église était située dans l'intérieur d'une espèce de château-fort, entouré d'un fossé de trente-cinq pieds de profondeur. Il fallait passer sur un pont de bois en mauvais état. Après avoir donné la confirmation, le vénérable évêque, suivi d'une foule considérable, se rendait au cimetière. Alors le pont se brisa, et toute cette multitude fut précipitée dans l'abîme. Quels ne furent pas les sentiments de surprise et de reconnaissance envers Dieu, quand on reconnut au milieu des débris que personne n'avait la moindre contusion !

La réputation du bienheureux Jean grandissait. Il brilla dans plusieurs conciles, réédifia de fond en comble la cathédrale de Thérouane, construisit un grand nombre d'églises, et fonda ou agrandit plusieurs monastères. Sa sagesse et sa fermeté parurent dans tout leur éclat lors des discussions litigieuses qui s'élevèrent entre le Chapitre de Saint-Pierre de Lille et Guillaume de Normandie. Ce dernier, entouré d'hommes hostiles à la Collégiale, cherchait les occasions d'attenter à ses droits et élevait à cet égard des prétentions inadmissibles. La mort du comte Charles le Bon, massacré dans l'église Saint-Donat à Bruges (1127), vint compliquer les affaires. Un trouble affreux régna dans le pays. On réclama l'intervention de Jean de Warneton. Le saint évêque déploya une grande vigueur pour remédier à tous ces maux. Il prononça à Lille (1128) une sentence définitive qui réglait le différend entre le **Chapitre de Saint-Pierre et le comte normand.**

Les fatigues de l'épiscopat jointes aux austérités de la pénitence usèrent sa santé. Sur le point de mourir, il fit distribuer aux pauvres tout ce qu'il possédait. Le peuple de Thérouane força l'entrée pour voir encore une fois les traits de son évêque et recevoir sa bénédiction. Jean mourut le 27 janvier 1130, après avoir gouverné son église pendant trente ans et demi.

Martin Lhermite termine ainsi la vie de cet évêque dans son langage naïf et coloré. « Je puis donc appeler Jean, mille fois bienheureux, oracle de justice, astre de vérité, beau et illustre lys du jardin de Saint-Pierre qui a blanchy à Lille dans les larmes d'amour. »

Le V. FOULQUES UTENHOVE, chanoine de Saint-Pierre.

Foulques vivait à l'époque de l'hérésie et de la révolte des Albigeois. Jacques de Vitry, légat du Pape, engagea avec instance le modeste chanoine de Lille, dont la réputation de science était fort répandue, à l'accompagner dans ses prédications. Celui-ci refusa par défiance de lui-même, ne croyant pas devoir être d'une grande utilité dans une entreprise aussi difficile.

En proie à une maladie violente et extraordinaire, sa vertu brilla d'un plus pur éclat au milieu des souffrances. Il vécut vingt-quatre ans dans cet état. Avant de mourir, il fonda à Gand (1235), pour les malades, un vaste hôpital qui subsiste encore aujourd'hui.

En suivant l'ordre chronologique, on remarque parmi les membres du Chapitre : Jean Miellot, auteur du *livre de Romuleon ou Histoire abrégée des faits des Romains depuis la fondation de Rome jusqu'à Constantin le Grand* (1455); Letbert, auteur du *Flores Psalmorum*; Floris Van der Haer (1547), historien fort estimé, auteur de l'*Histoire des chatelains de Lille*, de la *Vie de Bauduin de Lille*, et d'un ouvrage sur les commencements des troubles dans les Pays-Bas. La considération dont il jouissait le fit souvent déléguer par le souverain pour présider au renouvellement du Magistrat.

Wallerand de Crudenard donna la relation des miracles de N.-D. de la Treille (1536). Jean Capet fit paraître des ouvrages importants sur la théologie et l'histoire ecclésiastique (1547). Adam de Basseia publia un poème sur l'*Anticlaudianum* d'Alain de Lille. Toussaint Carette écrivit le *Recueil de plusieurs choses remarquables tant chroniques que plusieurs choses notables advenues en notre temps* (1575). Ad. Roulers composa des poésies et plusieurs tragédies, dont une intitulée *Marie Stuart* (1593). On a de Jean de Laen un poème *la Quenoille spirituelle* (1598).

Auparavant deux chanoines de Lille avaient été aumôniers de Charles-Quint et de Philippe II : Vallerand de Hangouart, théologien célèbre, et Jean Beauvais.

Hubert Leclercq, chapelain de Saint-Pierre, publia en 1610 des élégies et un poème latin.

Lors de la persécution religieuse en Angleterre et en Irlande, le Chapitre, qui, au moyen-âge, avait accueilli saint Thomas Becket[1], non-seulement donna l'hospitalité à de courageux exilés, mais encore les admit dans son sein. De ce nombre furent David Kearn, plus tard archevêque de Cashel en Irlande (1603), et Guillaume Giffort, qui fut élu archevêque de Reims. Ce fut ce dernier qui prononça le discours de bienvenue lors de l'entrée à Lille des archiducs Albert et Isabelle en 1600.

Jacob Hugues fit des commentaires sur l'Ecriture sainte et une histoire romaine. Balthazar d'Avila, né à Lille, se démit de son canonicat pour se faire minime. Il devint général de l'ordre, écrivit le *Manipulus minimorum*, et revint mourir à Lille (1668).

---

[1] A Douai la famille Becquet de Mégille, et à Lille une famille Becquet, se glorifient d'appartenir à la même maison que le célèbre archevêque de Cantorbéry.

Il faut encore citer Hugues de Lobel, auteur de deux ouvrages, l'un sur les prévôts de Saint-Pierre, l'autre sur la législation de son temps. C'est lui qui appela à Lille le célèbre sculpteur d'Anvers, Quyllins, pour lui faire exécuter divers travaux d'art.

III

Les prévôts surtout jouèrent un rôle important. Premier dignitaire du Chapitre, le prévôt avait charge d'âmes et juridiction dans l'église Saint-Pierre. Un certain nombre de canonicats étaient à sa nomination. Il avait aussi le droit de provision et de présentation aux cures de Saint-Etienne, Saint-André, la Madeleine et Sainte-Catherine. Le mode de nomination du prévôt subit les vicissitudes du temps. D'abord élu par le Chapitre avec ratification du Saint-Siége, il dut ensuite obtenir la sanction du pouvoir royal, qui finit par dominer l'élection.

Le Chapitre de Saint-Pierre eut souvent à sa tête des hommes très-éminents. Parmi les seuls prévôts, qui furent au nombre de quarante-huit, quinze furent promus à l'épiscopat. Il faudrait les citer tous, nous devons nous borner aux principaux.

Dès les premiers temps, on voit Robert de Lille cultiver les lettres, avec son compatriote et parent Gautier, évêque de Maguelonne. Un autre Robert soutint le droit d'hospitalité contre la noblesse du pays. Gérard, fils du comte de Flandre, se fit aimer des Flamands; et par son influence fut reconnue sans trouble sa sœur Marguerite d'Alsace. Ensuite c'est Jean de Flandre, plus tard évêque de Metz, puis de Liège, que l'on persécute pour avoir pris en main la cause des pauvres accablés d'impôts; Robert de Courtenay, parent des empereurs de Constantinople; Pierre de Montarue, qui devint évêque de Pampelune et cardinal; Jean de Montreuil, l'ami de Gerson, diplomate et écrivain, assassiné par les partisans de Jean sans Peur, pour son attachement au roi de France. On a de lui : *Traité auquel est contenue l'occasion ou couleur par laquelle le roy Edouard d'Angleterre se disoit avoir droit à la couronne de France.*

Au quinzième siècle, on remarque Henri Goethals, diplomate, neveu du *Docteur solennel;* Jean de Bourgogne; Jean l'Advantage et Eustache Cailleu, renommés par leur science, tous deux médecins de Philippe le Bon; Jacques de Coimbre, de la famille royale de Portugal, ensuite évêque d'Arras, patriarche de Lisbonne et cardinal; l'infortuné Louis de Bourbon, célèbre par ses vertus et sa fermeté, assassiné à Liège par Guillaume de la Marck, *le sanglier des Ardennes* et dont Walter-Scott a tracé un portrait si frappant dans *Quentin Durward.*

Plus tard, Gilbert d'Oignies dépensa son immense fortune en œuvres de charité. Il mourut de la peste; et un Lillois, Jérôme Dumoutier, fit un poème à sa louange. Remy du Laury, écrivain, construisit l'église de la Madeleine.

On peut juger, par ce rapide aperçu, de l'heureuse influence que le Chapitre tout entier, et les prévôts en particulier, durent exercer dans le pays.

IV

Un des faits les plus importants de l'histoire de Lille fut le sacre, dans la Collégiale de Saint-Pierre, de l'archevêque électeur de Cologne. Joseph Clément de la maison de Bavière s'étant déclaré pour la France, ainsi que Maximilien, son frère, dans la guerre de la succession d'Espagne, se vit dépouillé par l'empereur de ses états d'Allemagne, et contraint de chercher un refuge en France. Il fixa sa résidence à Lille, où on l'avait accueilli avec les plus grands honneurs. C'est à cette époque qu'il se lia étroitement avec Fénelon, l'illustre archevêque de Cambrai; et d'après les conseils de ce sage prélat, il se décida à recevoir les ordres. Il fut promu au sacerdoce dans l'église des Jésuites; et sa consécration eut lieu le 1er mai 1707 dans la Collégiale, en présence d'une nombreuse assemblée d'évêques et de son frère Maximilien, électeur de Bavière. Fénelon prononça, dans cette circonstance, un discours célèbre que l'on a regardé avec raison comme l'un des plus beaux monuments de l'éloquence chrétienne. La première partie, « écrite, suivant le cardinal Maury, avec l'énergie et l'élévation de Bossuet, » est surtout remarquable. C'est, dans un langage magnifique et avec les accents de la plus haute éloquence, l'exposé vrai de la position de l'Eglise dans l'Etat et vis-à-vis des princes, comme de la position des princes vis-à-vis de l'Eglise, et de leurs devoirs respectifs : doctrine importante, généralement ignorée et incomprise, et qui néanmoins est de tous les temps.

En lisant ces nobles paroles, et en songeant au sort de la Collégiale dans laquelle elles ont retenti, on ne peut se défendre d'une amère douleur et d'un profond regret. Mais en plaignant ceux qui ont anéanti la noble église qui fit Lille, lesquels à leur tour, suivant la doctrine de Fénelon, ont été emportés avec violence, il faut être plein de confiance dans la haute intelligence et l'esprit de suite des autorités, comme dans la foi active et la persévérance des familles lilloises qui veulent réparer, expier et faire oublier, s'il se peut, un si grand désastre.

Voici comme s'exprimait notre immortel archevêque [1] devant nos pères :

Depuis que je suis destiné à être votre consécrateur, Prince que l'Eglise voit aujourd'hui avec tant de joie prosterné au pied des autels, je ne lis plus aucun endroit de l'Ecriture qui ne me fasse quelque impression par rapport à votre personne. Mais voici les paroles qui m'ont le plus touché : « Etant libre à l'égard de tous, dit l'Apôtre [2], je » me suis fait esclave de tous pour en gagner un plus » grand nombre. *Cum liber essem ex omnibus, omnium* » *me servum feci ut plures lucrifacerem.* » Quelle grandeur se présente ici de tous côtés ! Je vois une maison qui remplissoit déjà le trône impérial il y a près de quatre cents ans. Elle a donné à l'Allemagne deux empereurs et deux branches qui jouissent de la dignité électorale. Elle règne dans la Suède, où un prince, au sortir de l'enfance, est devenu tout-à-coup la terreur du Nord. Je n'aperçois que les plus hautes alliances des maisons de France et d'Autriche : d'un côté, vous êtes petit-fils de Henri le Grand, dont la mémoire ne cessera jamais d'être chère à la France ; de l'autre côté, votre sang coule dans les veines de nos princes, précieuse espérance de la nation. Hélas ! nous ne pouvons nous souvenir qu'avec douleur de la princesse à qui nous les devons, et qui fut trop tôt enlevée au monde !

Oserai-je ajouter, en présence d'Emmanuel [*], que les infidèles ont senti et que les chrétiens ont admiré sa va-

---

[1] Tournay appartenant alors à la province ecclésiastique de Cambrai, Lille conséquemment relevait déjà de cette illustre métropole, qui avait quatre évêchés suffragants : Tournay, Namur, Saint-Omer et Arras. Aujourd'hui elle en a un ; situation tout à fait unique en France.

[2] I. Cor. c. 9. ỹ. 19.

[*] Maximilien-Emmanuel, électeur de Bavière, frère de l'électeur de Cologne, présent à son sacre.

leur? Toutes les nations s'attendrissent en éprouvant sa douceur, sa bonté, sa magnificence, son aimable sincerité, sa constance à toute épreuve dans ses engagemens, sa fidélité qui égale dans ses alliances la probité et la délicatesse des plus vertueux amis dans leur société privée. Avec un cœur semblable à celui d'un tel frère, Prince, il ne tenoit qu'à vous de marcher sur ses traces. Vous étiez libre de le suivre ; vous pouviez vous promettre tout ce que le siècle a de plus flatteur ; mais vous venez sacrifier à Dieu cette liberté et ces espérances mondaines. C'est de ce sacrifice que je veux vous parler à la face des saints autels. J'avoue que le respect devroit m'engager à me taire ; « mais » l'amour, comme saint Bernard le disoit au pape Eugène [1], » n'est point retenu par le respect.... Je vous parlerai, » non pour vous instruire, mais pour vous conjurer comme » une mère tendre. Je veux bien paroître indiscret à ceux » qui n'aiment point, et qui ne sentent pas tout ce qu'un » véritable amour fait sentir. » Pour vous, je sais que vous avez le goût de la vérité, et même de la vérité la plus forte. Je ne crains point de vous déplaire en la disant : daignez donc écouter ce que je ne crains point de dire. D'un côté, l'Eglise n'a aucun besoin du secours des princes de la terre, parce que les promesses de son Epoux tout-puissant lui suffisent; d'un autre côté, les princes qui deviennent pasteurs peuvent être très-utiles à l'Eglise, pourvu qu'ils s'humilient, qu'ils se dévouent au travail, et qu'on voie reluire en eux toutes les vertus pastorales. Voilà les deux points que je me propose d'expliquer dans ce discours.

Les enfants du siècle, prévenus des maximes d'une politique profane, prétendent que l'Eglise ne sauroit se passer du secours des princes et de la protection de leurs armes,

[1] De Consid. prolog.

surtout dans les pays où les hérétiques peuvent l'attaquer. Aveugles, qui veulent mesurer l'ouvrage de Dieu par celui des hommes! C'est « s'appuyer sur un bras de chair [1]; » c'est « anéantir la croix de Jésus-Christ [2]. » Croit-on que l'Epoux tout-puissant, et fidèle dans ses promesses, ne suffise pas à l'Epouse? « Le ciel et la terre passeront, mais *aucune* de ses paroles ne passera jamais [3]. » O hommes foibles et impuissants qu'on nomme les rois et les princes du monde, vous n'avez qu'une force empruntée pour un peu de temps : l'Epoux, qui vous la prête, ne vous la confie qu'afin que vous serviez l'Epouse. Si vous manquiez à l'Epouse, vous manqueriez à l'Epoux même; il sauroit transporter son glaive en d'autres mains. Souvenez-vous que c'est lui qui est « le Prince des rois de la terre [4], le Roi invisible et immortel des siècles [5]. »

Il est vrai qu'il est écrit que l'Eglise « sucera le lait des nations, qu'elle sera allaitée de la mamelle des rois, qu'ils seront ses nourriciers, qu'ils marcheront à la splendeur de sa lumière naissante, que ses portes ne se fermeront ni jour ni nuit, afin qu'on lui apporte la force des peuples, et que les rois y soient amenés : » mais il est dit aussi que « les rois viendront, les yeux baissés vers la terre, se prosterner devant l'Eglise, qu'ils baiseront la poussière de ses pieds [6]; » que n'osant parler, « ils fermeront leur bouche devant son Epoux; que toute nation et tout royaume qui ne sera point dans la servitude » de cette nouvelle Jérusalem périra. Trop heureux donc les princes que Dieu daigne employer à la servir! Trop honorés ceux qu'il choisit pour une si glorieuse confiance!

« Et maintenant, ô rois, comprenez; instruisez-vous, ô juges de la terre; servez le Seigneur avec crainte, et ré-

---

[1] Jerem. c. 17. ŷ. 5. = [2] I. Cor. c. 1. ŷ. 17. = [3] Luc. c. 21. ŷ. 33. =
[4] Apoc. c. 1. ŷ. 5. = [5] I. Tim. c. 1. ŷ. 17. = [6] Is. c. 60. ŷ. 16 et seq.

jouissez-vous en lui avec tremblement, de peur que sa colère ne s'enflamme, et que vous ne périssiez en vous égarant de la voie de la justice ¹. » Dieu jaloux « renverse les trônes des princes hautains, et il fait asseoir en leurs places des hommes doux » et modérés; il fait « sécher jusqu'aux racines des nations superbes, et il plante les humbles ² » pour les faire fleurir; il détruit jusque dans ses fondemens toute puissance orgueilleuse; « il en efface même la mémoire de dessus la terre ³. Toute chair est comme l'herbe, et sa gloire est comme une fleur des champs : » dès que « l'Esprit du Seigneur souffle, cette herbe est desséchée, et cette fleur tombe ⁴. »

Que les princes qui se vantent de protéger l'Eglise ne se flattent donc pas jusqu'à croire qu'elle tomberoit s'ils ne la portoient pas dans leurs mains. S'ils cessoient de la soutenir, le Tout-Puissant la porteroit lui-même. Pour eux, « faute de la servir, ils périroient ⁵, » selon les saints oracles.

Jetons les yeux sur l'Eglise, c'est-à-dire sur cette société visible des enfans de Dieu qui a été conservée dans tous les temps : c'est le royaume qui « n'aura point de fin. » Toutes les autres puissances s'élèvent et tombent : après avoir étonné le monde, elles disparoissent. L'Eglise seule, malgré les tempêtes du dehors et les scandales du dedans, demeure immortelle. Pour vaincre, elle ne fait que souffrir; et elle n'a pas d'autres armes que la croix de son Epoux.

Considérons cette société sous Moïse : Pharaon la veut opprimer; les ténèbres deviennent palpables en Egypte; la terre s'y couvre d'insectes; la mer s'entr'ouvre; ses eaux suspendues s'élèvent comme deux murs; tout un peuple

---

¹ Ps. 11. ⅴ. 10, 11, 12. = ² Luc. c. 1. ⅴ. 52. = ³ Ps. 33. ⅴ. 17. = ⁴ Is. c. 40. ⅴ. 6, 7. = ⁵ Ibid. 12.

traverse l'abîme à pied sec, un pain descendu du ciel le nourrit au désert ; l'homme parle à la pierre, et elle donne des torrents : tout est miracle pendant quarante années pour délivrer l'Eglise captive.

Hâtons-nous ; passons aux Machabées : les rois de Syrie persécutent l'Eglise ; elle ne peut se résoudre à renouveler une alliance avec Rome et avec Sparte ; sans déclarer en esprit de foi qu'elle ne s'appuie que sur les promesses de son Epoux. « Nous n'avons, disoit Jonathas [1], aucun besoin de tous ces secours, ayant pour consolation les saints livres qui sont dans nos mains. » Et en effet, de quoi l'Eglise a-t-elle besoin ici-bas ? Il ne lui faut que la grâce de son Epoux pour lui enfanter des élus ; leur sang même est une semence qui les multiplie. Pourquoi mendieroit-elle un secours humain, elle qui se contente d'obéir, de souffrir, de mourir ; son règne, qui est celui de son Epoux, n'étant point de ce monde, et tous ses biens étant au-delà de cette vie ?

Mais tournons nos regards vers l'Eglise, que Rome païenne, cette Babylone enivrée du sang des martyrs, s'efforce de détruire. L'Eglise demeure libre dans les chaînes, et invincible au milieu des tourments. Dieu laisse ruisseler, pendant trois cents ans, le sang de ses enfans bien-aimés. Pourquoi croyez-vous qu'il le fasse ? C'est pour convaincre le monde entier, par une si longue et si terrible expérience, que l'Eglise, comme suspendue entre le ciel et la terre, n'a besoin que de la main invisible dont elle est soutenue. Jamais elle ne fut si libre, si forte, si florissante, si féconde.

Que sont devenus ces Romains qui la persécutoient ? Ce peuple, qui se vantoit d'être « le peuple roi, » a été livré aux nations barbares ; l'empire éternel est tombé :

[1] I. Mac. c. 12. y. 9.

Rome est ensevelie dans ses ruines avec les faux dieux ; il n'en reste plus de mémoire que par une autre Rome sortie de ses cendres, qui, étant pure et sainte, est devenue à jamais le centre du royaume de Jésus-Christ.

Mais comment est-ce que l'Eglise a vaincu cette Rome victorieuse de l'univers ? Ecoutons l'Apôtre [1] : « Ce qui est folie en Dieu est plus sage que tous les hommes : ce qui est foible en Dieu est plus fort qu'eux. Voyez, mes frères, votre vocation ; car il n'y a point parmi vous beaucoup de sages selon la chair, ni beaucoup d'hommes puissants, ni beaucoup de nobles. Mais Dieu a choisi ce qui est insensé selon le monde, pour confondre les sages ; et il a choisi ce qui est foible dans le monde, pour confondre ce qui est fort : il a choisi ce qui est bas et méprisable, et même ce qui n'est pas, pour détruire ce qui est, afin que nulle chair ne se glorifie devant lui. » Qu'on ne nous vante donc plus ni une sagesse convaincue de folie, ni une puissance fragile et empruntée ; qu'on ne nous parle plus que d'une foiblesse simple et humble, qui peut tout en Dieu seul ; qu'on ne nous parle plus que de la folie de la croix. La jalousie de Dieu alloit jusqu'à sembler exclure de l'Eglise, pendant ces siècles d'épreuve, tout ce qui auroit paru un secours humain : Dieu, impénétrable dans ses conseils, vouloit renverser tout ordre naturel. De là vient que Tertullien a paru douter si les Césars pouvoient devenir chrétiens [2]. Combien coûta-t-il de sang et de tourments aux fidèles, pour montrer que l'Eglise ne tient à rien ici-bas ! « Elle ne possède pour elle-même, dit » saint Ambroise [3], que sa seule foi. » C'est cette foi qui vainquit le monde.

Après ce spectacle de trois cents ans, Dieu se souvint

---

[1] I. Cor. c. 1. ỹ. 25, 28. = [2] Apol. c. 21. = [3] Ep. 28, ad Valentinian. cont. Symmachum, n. 16.

enfin de ses anciennes promesses; il daigna faire aux maîtres du monde la grâce de les admettre aux pieds de son Epouse. Ils en devinrent « les nourriciers, » et il leur fut donné de « baiser la poussière de ses pieds [1]. » Fut-ce un secours qui vint à propos pour soutenir l'Eglise ébranlée? Non, celui qui l'avoit soutenue pendant trois siècles, malgré les hommes, n'avoit pas besoin de la foiblesse des hommes, déjà vaincus par elle, pour la soutenir. Mais ce fut un triomphe que l'Epoux voulut donner à l'Epouse après tant de victoires; ce fut, non une ressource pour l'Eglise, mais une grâce et une miséricorde pour les empereurs. « Qu'y a-t-il, disoit saint Ambroise [2], » de plus glorieux pour l'empereur, que d'être nommé » le fils de l'Eglise ? »

En vain quelqu'un dira que l'Eglise est dans l'Etat. L'Eglise, il est vrai, est dans l'Etat pour obéir au prince dans tout ce qui est temporel; mais, quoique elle se trouve dans l'Etat, elle n'en dépend jamais pour aucune fonction spirituelle. Elle est en ce monde, mais c'est pour le convertir; elle est en ce monde, mais c'est pour le gouverner par rapport au salut. Elle use de ce monde en passant, comme n'en usant pas; elle y est comme Israël fut étranger et voyageur au milieu du désert : elle est déjà d'un autre monde, qui est au-dessus de celui-ci. Le monde, en se soumettant à l'Eglise, n'a point acquis le droit de l'assujettir : les princes, en devenant les enfans de l'Eglise, ne sont point devenus ses maîtres; ils doivent la « servir, » et non la dominer; « baiser la poussière de ses pieds, » et non lui imposer le joug. L'empereur, disoit saint Ambroise [3], « est au-dedans de l'Eglise : mais il n'est pas » au-dessus d'elle. Le bon empereur cherche le secours

[1] Is. c. 4. y. 23. = [2] Ep. 21, in serm. cont. Auxent. n. 36. = [3] Ep. 21. ibid.

» de l'Eglise, et ne le rejette point. » L'Eglise demeura sous les empereurs convertis aussi libre qu'elle ne l'avoit été sous les empereurs idolâtres et persécuteurs. Elle continua de dire, au milieu de la plus profonde paix, ce que Tertullien disoit pour elle pendant les persécutions : « *Non* » *te terremus, qui nec timemus* [1]. Nous ne sommes point » à craindre pour vous, et nous ne vous craignons point. » Mais prenez garde, ajoute-t-il, de ne combattre pas » contre Dieu. » En effet, qu'y a-t-il de plus funeste à une puissance humaine, qui n'est que foiblesse, que d'attaquer le Tout-Puissant? « Celui sur qui cette pierre tombe, sera écrasé; » et celui qui « tombe sur elle se brisera [2]. »

S'agit-il de l'ordre civil et politique, l'Eglise n'a garde d'ébranler les royaumes de la terre, elle qui tient dans ses mains les clefs du royaume du ciel. Elle ne désire rien de tout ce qui peut être vu; elle n'aspire qu'au royaume de son Epoux, qui est le sien. Elle est pauvre et jalouse du trésor de sa pauvreté; elle est paisible, et c'est elle qui donne au nom de l'Epoux une paix que le monde ne peut ni donner ni ôter; elle est patiente, et c'est par sa patience jusques à la mort de la croix qu'elle est invincible. Elle n'oublie jamais que son Epoux s'enfuit sur la montagne dès qu'on voulut le faire roi; elle se ressouvient qu'elle doit avoir en commun avec son Epoux la nudité de la croix, puisqu'il est « l'homme des douleurs, » l'homme « écrasé dans l'infirmité [3], » l'homme « rassasié d'opprobres [4]. » Elle ne veut qu'obéir; elle donne sans cesse l'exemple de la soumission et du zèle pour l'autorité légitime; elle verseroit tout son sang pour la soutenir. Ce seroit pour elle un second martyre après celui qu'elle a en-

---

[1] Ad Scapul. c. 4. = [2] Matth. c. 21. ⅴ. 44 = [3] Is. c. 53. ⅴ. 3, 10. = [4] Lament. c. 3. ⅴ 30.

duré pour la foi. Princes, elle vous aime; elle prie nuit et jour pour vous; vous n'avez point de ressource plus assurée que sa fidélité. Outre qu'elle attire sur vos personnes et sur vos peuples les célestes bénédictions, elle inspire à vos peuples une affection à toute épreuve pour vos personnes, qui sont les images de Dieu ici-bas.

Si l'Eglise accepte les dons précieux et magnifiques que les princes lui font, ce n'est pas qu'elle veuille renoncer à la croix de son Epoux, et jouir des richesses trompeuses: elle veut seulement procurer aux princes le mérite de s'en dépouiller; elle ne veut s'en servir que pour orner la maison de Dieu, que pour faire subsister modestement les ministres sacrés, que pour nourrir les pauvres qui sont les sujets des princes. Elle cherche, non les richesses des hommes, mais leur salut; non ce qui est à eux, mais eux-mêmes. Elle n'accepte leurs offrandes périssables, que pour leur donner les biens éternels.

Plutôt que de subir le joug des puissances du siècle, et de perdre la liberté évangélique, elle rendroit tous les biens temporels qu'elle a reçus des princes. « Les terres
» de l'Eglise, disoit saint Ambroise [1], paient le tribut; et
» si l'empereur veut ces terres, il a la puissance pour
» les prendre: aucun de nous ne s'y oppose. Les aumô-
» nes des peuples suffiront encore à nourrir les pauvres.
» Qu'on ne nous rende point odieux par la possession où
» nous sommes de ces terres; qu'ils les prennent, si l'em-
» pereur les veut. Je ne les donne point; mais je ne les
» refuse pas. »

Mais s'agit-il du ministère spirituel donné à l'Epouse immédiatement par le seul Epoux, l'Eglise l'exerce avec une entière indépendance des hommes. Jésus-Christ dit [2]: « Toute puissance m'a été donnée dans le ciel et sur la

[1] Ep. 21. Serm. cont. Auxent., n. 33. = [2] Matth. c. 28. ⅴ. 18.

terre. Allez donc ; enseignez toutes les nations, les baptisant, etc. » C'est cette toute-puissance de l'Epoux qui passe à l'Epouse, et n'a aucune borne : toute créature sans exception y est soumise. Comme les pasteurs doivent donner aux peuples l'exemple de la plus parfaite soumission et de la plus inviolable fidélité aux princes pour le temporel, il faut aussi que les princes, s'ils veulent être chrétiens, donnent aux peuples à leur tour l'exemple de la plus humble docilité et de la plus exacte obéissance aux pasteurs pour toutes les choses spirituelles. Tout ce que l'Eglise lie ici-bas est lié; tout ce qu'elle remet est remis; tout ce qu'elle décide est confirmé au ciel. Voilà la puissance décrite par le prophète Daniel.

« L'Ancien des jours, dit-il [1], a donné le jugement aux saints du Très-Haut, et le temps en est venu, et les saints ont possédé la royauté. » Ensuite le prophète dépeint un roi puissant et impie, qui « proférera des blasphèmes, et qui écrasera les saints du Très-Haut : il croira pouvoir changer les temps et les lois, et ils seront livrés dans sa main jusqu'à un temps, et à des temps, et à la moitié d'un temps et alors le juge sera assis, afin que la puissance lui soit enlevée, qu'il soit écrasé, et qu'il périsse pour toujours; » en sorte que « la royauté, la puissance et la grandeur de la puissance sur tout ce qui est sous le ciel soit donnée au peuple des saints du Très-Haut, dont le règne sera éternel, et tous les rois lui serviront et lui obéiront. »

O hommes qui n'êtes qu'hommes, quoique la flatterie vous tente d'oublier l'humanité et de vous élever au-dessus d'elle, souvenez-vous que Dieu peut tout sur vous et que vous ne pouvez rien contre lui. Troubler l'Eglise dans ses fonctions, c'est attaquer le Très-Haut dans ce

[1] Dan. c. 7. v. 22, 25, 26, 27

qu'il a de plus cher, qui est son Epouse ; c'est blasphémer contre les promesses : c'est oser l'impossible ; c'est vouloir renverser « le règne éternel. » Rois de la terre, vous vous ligueriez en vain « contre le Seigneur et contre son Christ [1] ; » en vain vous renouvelleriez les persécutions : en les renouvelant, vous ne feriez que purifier l'Eglise, et que ramener pour elle la beauté de ses anciens jours. En vain vous diriez : « Rompons ses liens, et rejetons son joug ; celui qui habite dans les cieux riroit » de vos desseins. Le Seigneur a donné à son Fils « toutes les nations comme son héritage, et les extrémités de la terre comme ce qu'il doit posséder en propre [2]. » Si vous ne vous humiliez sous sa puissante main, il vous « brisera comme des vases d'argile. » La puissance sera enlevée à quiconque osera s'élever contre l'Eglise. Ce n'est pas elle qui l'enlèvera, car elle ne fait que souffrir et prier. Si les princes vouloient l'asservir, elle ouvriroit son sein ; elle diroit : Frappez ; elle ajouteroit, comme les apôtres : « Jugez vous-mêmes devant Dieu s'il est juste de vous obéir plutôt qu'à lui [3]. » Ici ce n'est pas moi qui parle, c'est le Saint-Esprit. Si les rois manquoient à « la servir [4] » et à lui obéir, la puissance leur seroit enlevée. Le Dieu des armées, sans qui on garderoit en vain les villes, ne combattroit plus avec eux.

Non-seulement les princes ne peuvent rien contre l'Eglise, mais encore ils ne peuvent rien pour elle, touchant le spirituel, qu'en lui obéissant. Il est vrai que le prince pieux et zélé est nommé « l'évêque du dehors et le protecteur des canons [5] ; » expressions que nous répéterons sans cesse avec joie, dans le sens modéré des anciens qui s'en sont servis. Mais l'évêque du dehors ne doit jamais en-

[1] Ps. 2. 2. = [2] Ibid. 3, 4, 8, 9. = [3] Act. c. 4. ỳ. 19. = [4] Is. c. 66 v. 12. = [5] Euseb. de Vita Constantini, lib. IV, cap. XXIV.

treprendre la fonction de celui du dedans. Il se tient, le glaive en main, à la porte du sanctuaire; mais il prend garde de n'y entrer pas. En même temps qu'il protége, il obéit; il protége les décisions, mais il n'en fait aucune. Voici les deux fonctions auxquelles il se borne : la première est de maintenir l'Eglise en pleine liberté contre tous ses ennemis du dehors, afin qu'elle puisse au dedans, sans aucune gêne, prononcer, décider, approuver, corriger, enfin abattre toute hauteur qui s'élève contre la science de Dieu ; la seconde est d'appuyer ces mêmes décisions, dès qu'elles sont faites [1], sans se permettre jamais, sous aucun prétexte, de les interpréter. Cette protection des canons se tourne donc uniquement contre les ennemis de l'Eglise, c'est-à-dire contre les novateurs, contre les esprits indociles et contagieux, contre tous ceux qui refusent la correction. A Dieu ne plaise que le protecteur gouverne, ni prévienne jamais en rien ce que l'Eglise réglera ! Il attend, il écoute humblement, il croit sans hésiter, il obéit lui-même, et fait autant obéir par l'autorité de son exemple, que par la puissance qu'il tient dans ses mains. Mais enfin le protecteur de la liberté ne la diminue jamais. Sa protection ne seroit plus un secours, mais un joug déguisé, s'il vouloit déterminer l'Eglise, au lieu de se laisser déterminer par elle. C'est par cet excès funeste que l'Angleterre a rompu le sacré lien de l'unité, en voulant faire chef de l'Eglise le prince qui n'en est que le protecteur.

Quelque besoin que l'Eglise ait d'un prompt secours contre les hérésies et contre les abus, elle a encore plus besoin de conserver sa liberté. Quelque appui qu'elle reçoive des meilleurs princes, elle ne cesse jamais de dire avec l'Apôtre : « Je travaille jusqu'à souffrir les liens comme si j'étois coupable; mais la parole de Dieu » que nous annonçons

[1] S. Aug. Ep. xcııı, ad Vincent. n. 19.

« n'est liée » par aucune puissance humaine. C'est avec cette jalousie de l'indépendance pour le spirituel, que saint Augustin disoit à un proconsul, lors même qu'il se voyoit exposé à la fureur des Donatistes : « Je ne voudrois pas » que l'Eglise d'Afrique fût abattue jusqu'au point d'avoir » besoin d'aucune puissance terrestre [1]. » Voilà le même esprit qui avoit fait dire à saint Cyprien : « L'évêque, » tenant dans ses mains l'Evangile de Dieu, peut être tué, » mais non pas vaincu [2]. » Voilà précisément le même principe de liberté pour les deux états de l'Eglise. Saint Cyprien défend cette liberté contre la violence des persécuteurs, et saint Augustin la veut conserver avec précaution, même à l'égard des princes protecteurs, au milieu de la paix. Quelle force, quelle noblesse évangélique, quelle foi aux promesses de Jésus-Christ! O Dieu, donnez à votre Eglise des Cypriens, des Augustins, des pasteurs qui honorent le ministère, et qui fassent sentir à l'homme qu'ils sont les dispensateurs de vos mystères !

Au reste, quoique l'Eglise soit, par les promesses, au-dessus de tous les besoins et de tous les secours, Dieu ne dédaigne pourtant pas de la faire secourir par les princes [3]. Il les prépare de loin, il les forme, il les instruit, il les exerce, il les purifie, il les rend dignes d'être les instruments de sa providence; en un mot, il ne fait rien par eux qu'après avoir fait en eux tout ce qu'il lui plaît. Alors l'Eglise accepte cette protection, comme les offrandes des fidèles, sans l'exiger; elle ne voit que la main de son seul Epoux dans les bienfaits des princes. Et en effet c'est lui qui leur donne et la force au dehors, et la bonne volonté au dedans, pour exercer cette pieuse protection. L'Eglise remonte sans cesse à la source; loin d'écouter la

---

[1] Ep. c, ad Donat. n. 1. = [2] Ep. LV, ad Cornel. = [3] S. Leon. M. Ep. CXXIX, ad Leon. Aug. et in Conc. Chalced. part. III, n. 25.

politique mondaine, elle n'agit qu'en pure foi, et elle n'a garde de croire que le Fils de Dieu son Epoux ne lui suffit pas.

Ici représentons-nous le sage Maximilien, électeur de Bavière. Prince, c'est avec joie que je rappelle le souvenir de votre aïeul. Il est vrai qu'il fit de grandes choses pour la religion : animé d'un saint zèle, il s'arma contre un prince de sa maison pour sauver la religion catholique dans l'Allemagne. Supérieur à toute la politique mondaine, il méprisa les plus hautes et les plus flatteuses espérances pour conserver la foi de ses pères. Mais Dieu se suffit à lui-même, et le libérateur de l'Epouse de Jésus-Christ devoit à l'Epoux tout ce qu'il fit de grand pour l'Epouse. Non, non, il ne faut voir que Dieu dans cet ouvrage : que l'homme disparoisse; que tout donc remonte à sa source; que l'Eglise ne doive rien qu'à Jésus-Christ.

Venez donc, ô Clément, petit-fils de Maximilien; venez secourir l'Eglise par vos vertus, comme votre aïeul l'a secourue par ses armes. Venez, non pour soutenir d'une main téméraire l'arche chancelante, mais au contraire pour trouver en elle votre soutien. Venez, non pour dominer, mais pour servir. Si vous croyez que l'Eglise n'a aucun besoin de votre appui, et si vous vous donnez humblement à elle, vous serez son ornement et sa consolation.

SECONDE PARTIE

I

Avant la révolution de 1789, les environs de Lille étaient riches en monuments religieux comme en institutions monastiques. L'abbaye de Cysoing, fondée par saint Evrard, l'abbaye de Loos, inaugurée par saint Bernard, et le monastère de Phalempin, dont les religieux avaient défriché le sol et contribué puissamment aux développements de l'agriculture, avaient en outre concouru, avec les Collégiales de Saint-Pierre, de Seclin et de Comines, au maintien de la vie intellectuelle. Les œuvres d'art et de patience s'étaient multipliées sous leur direction, et de tout temps les pauvres avaient eu une part dans leurs richesses. Les plus âgés d'entre les vieillards de nos campagnes se rappellent encore combien large était cette part.

La révolution fit disparaître cet ordre de choses. Ayant supprimé le culte, elle détruisit ce qu'il y avait de plus beau en églises et en monastères.

Quand revinrent des temps meilleurs, l'arrondissement de Lille présentait beaucoup de ruines, et il fut difficile de suffire aux premières nécesssités des paroisses.

Cette situation se prolongea pendant une période de temps assez considérable et sous des gouvernements divers.

Cependant l'esprit catholique est essentiellement actif, et ses œuvres sont des œuvres de foi et de charité.

Il faut ranger parmi les œuvres de foi les plus importantes la construction et la restauration des églises et en général des sanctuaires de Dieu.

Parmi les œuvres capitales de la charité, on doit placer l'enseignement de la jeunesse des diverses classes de la société et tous les industrieux moyens par lesquels on donne au pauvre le secours moral et matériel.

Sous ce double rapport, pendant un grand nombre d'années, rien ne se produisit au dehors parmi nous, du moins avec ensemble.

Mais depuis que les familles pieuses de Lille eurent rebâti en 1835 l'église de N.-D. de Grace de Loos, le but de leur pèlerinage d'été, cette pieuse construction devint comme un signal pour tout l'arrondissement; et un religieux élan, inconnu depuis un siècle et au-delà, porte nos populations à bâtir de nouveaux sanctuaires ou à donner aux anciens de plus amples proportions.

C'est surtout depuis que la liberté est rendue à l'Eglise que ce mouvement est plus prononcé, et, sous ce rapport, aucune contrée n'égale l'arrondissement de Lille.

Il est facile de s'en convaincre, à l'aide d'une simple énumération de chiffres et de noms propres.

II

Si l'on envisage d'abord ce qui concerne les édifices sacrés, on voit qu'avant 1829 deux églises seulement ont été construites, la petite église de Wazemmes et celle de Wavrin.

En 1829, on construit l'église d'Allennes-les-Marais et celle de Sainghin-en-Weppes.

Depuis 1835, où fut rebâtie N.-D. de Grace à Loos, jusqu'en 1848, on compte treize églises entièrement reconstruites. Ce sont celles d'Ennetières-en-Weppes en 1836, de Saint-Joseph à Tourcoing en 1838, de Baisieux en 1840, de Moulins-Lille en 1841, de la Madeleine-lez-Lille en 1842, d'Emmerin et de Pont-à-Marcq en 1843, de Thumeries et de Gondecourt en 1844, de Mons-en-Barœul en 1845, de N.-D. à Roubaix en 1846, de Saint-Eloi à Tourcoing en 1847.

Depuis 1848, quinze églises ont été bâties ou sont en voie de construction. Ce sont celles de N.-D. à Tourcoing et de Croix en 1848, d'Esquermes en 1850, de Saint-André-lez-Lille en 1851, de Thumesnil en 1852, de Willem et Lesquin en 1854, de Bois-Grenier en 1855.

En 1854 et 1855 ont été commencées et ne sont pas encore terminées les deux églises de Fives, les deux églises de Wazemmes, l'église d'Armentières, celles d'Avelin et d'Halluin.

Dans une période de temps très-peu étendue, l'arrondissement de Lille s'est donc enrichi de trente-deux églises paroissiales neuves. Dans ce nombre, il faut en remarquer huit autour des remparts de Lille, qui pour la plupart sont fort belles, et se sont élevées, comme par une attraction céleste, pour répondre aux besoins spirituels de populations qui couvrent de plus en plus le pays comme les flots de la marée montante. Ces églises elles-mêmes ne tarderont pas à devenir insuffisantes. Mais on peut être sans crainte ; le sentiment religieux qui a produit ces grandes choses est loin de s'affaiblir.

En additionnant les sommes employées à ces constructions, on arriverait à un chiffre surprenant.

Il n'a été question jusqu'ici que d'églises paroissiales entièrement neuves. Si l'on entrait dans le détail des restaurations importantes, il faudrait citer presque toutes les paroisses de l'arrondissement. Cependant dans plusieurs d'entre elles, on a restauré et agrandi dans de telles proportions que chaque église peut être considérée comme une nouvelle construction. Ainsi, à Lompret vers 1840, à Wasquehal en 1842, à Ascq en 1843, à Premesques en 1845, à Lys en 1847, à Flers en 1850, à Capinghem et à Wannehain en 1854. Ainsi fait-on à Saint-Martin de Roubaix, qui deviendra l'un des plus beaux monuments du pays.

Plusieurs chapelles importantes ont été construites pour servir de succursales : à Erquinghem-le-Sec vers 1838, à Escobecques en 1843, au Sars en 1847, à Wez-Macquart en 1848.

De simples particuliers et des institutions privées ou publiques ont rivalisé de zèle pour bâtir des sanctuaires dont plusieurs sont des monuments. Sans parler des oratoires de petite dimension qu'il serait trop long d'énumérer, quoique quelques-uns aient une valeur artistique, il faut citer la chapelle des Franciscaines de Lille bâtie en 1839, celle de Mme de Badts sur la route de Menin en 1845, celle du catéchisme de persévérance de Sainte-Catherine à Lille en 1846, celle du Palais-de-justice en 1847, la chapelle de l'Institution de Marcq en 1851, la chapelle de Saint-Pierre au lycée de Lille en 1853, la chapelle des Maristes à Beaucamps en 1854 et celle du collége de Tourcoing en 1855.

Les Pères de la Société de Jésus à Lille achèvent leur église gothique de l'Immaculée Conception.

Voilà pour ce que nous avons appelé les œuvres de foi propres à l'esprit catholique. Trente-deux églises neuves, quatre succursales, neuf églises restaurées et agrandies, un bon nombre de sanctuaires privés, prouvent la fécondité de cet esprit.

Ces résultats, quelque importants et consolants qu'ils paraissent, sont néanmoins dépassés par tout ce que nous devons aux œuvres de charité. Ici surtout la statistique devient intéressante.

III

La charité catholique, avons-nous dit, s'exerce surtout par l'enseignement de la jeunesse à tous les degrés et par l'aumône tant morale que matérielle donnée au pauvre.

Ces œuvres sont pratiquées ou collectivement ou individuellement. Dieu seul connaît le nombre des actes de charité qui se font individuellement chaque jour dans ce pays et qui y amènent de toutes parts les malheureux et les persécutés.

L'action collective se produit par les instituts religieux, les associations libres pour l'enseignement et les sociétés charitables.

On sera peut-être surpris en apprenant qu'il y a dans l'arrondissement de Lille cent dix-neuf communautés religieuses et que ce nombre tend même à augmenter ; mais que l'on se rassure, aucune de ces maisons ne possède des biens-fonds : elles subsistent, au milieu des privations, dans un état très-précaire, et c'est précisément ce qui assure leur existence et contribue à les propager de tous côtés.

Avant de donner les chiffres qui parlent si éloquemment en leur faveur, il est bon de voir comment ces instituts se sont développés.

Leurs progrès furent très-lents d'abord ; mais dès qu'on sut apprécier les avantages qu'ils offraient, tant pour les hôpitaux que pour l'instruction primaire, leur marche fut rapide. En 1845, il y avait cinquante-quatre maisons dans l'arrondissement.

A partir de cette époque, on voit s'établir :

En 1845, les Frères Maristes à Quesnoy-sur-Deûle, les Dames de la Sainte-Union à Bondues et à Mons-en-Pévèle, les Franciscaines à Lesquin.

En 1846, les Carmélites à Roubaix, les Filles de l'Enfant Jésus à l'hospice de la même ville, les Dames de la Sainte-Union à Pont-à-Marcq, les Sœurs de la Croix-Saint-André à la Madeleine-lez-Lille.

En 1847, les Dames de la Sainte-Union à Annappes et à Avelin, les Filles de la Sagesse à Halluin, les Filles de l'Enfant Jésus à Herlies.

En 1848, les Frères des Ecoles chrétiennes et les Filles de la Sagesse à Roubaix, les Filles de l'Enfant Jésus dans l'hôpital de la même ville, les Filles de la Charité à Quesnoy-sur-Deûle, et les Dames de la Sainte-Union à Faches.

En 1849, les Sœurs de N.-D. de la Treille à Lille ; les Sœurs de la Providence à Roncq.

En 1850, les Franciscaines à Lille, rue de Paris, à Moulins-Lille et à Hellemmes ; les Dames de la Sainte-Union à Lannoy, à Flers et à Croix ; les Filles de l'Enfant-Jésus à Deûlémont.

En 1851, les Filles de la Sagesse à Lille, asile Saint-Pierre, place aux Bleuets ; les Dames de la Sainte-Union à Cysoing et à Ennevelin ; les Filles de l'Enfant-Jésus à Marcq (infirmerie et lingerie de l'Institution) ; les Sœurs de Notre-Dame de la Treille à Wazemmes.

En 1852, les Petites-Sœurs des Pauvres à Lille ; les Frères Maristes à Annœullin et à Santes ; les Filles de l'Enfant Jésus à Bondues et à Tourcoing (infirmerie du collége); les Dames de la Sainte-Union à Camphin, Leers et Neuville-en-Ferrain.

En 1853, les Frères Maristes à Linselles et à Roncq; les Dames de la Sainte-Union à Baisieux, Hem et Tourmignies; les Filles de l'Enfant Jésus à l'hospice de Tourcoing, Lambersart, Verlinghem et Wambrechies; les Dames de Saint-Maur à Armentières; les Sœurs de la Providence à Tourcoing.

En 1854, les Filles de l'Enfant Jésus à Lille, rue Saint-Genois et rue de Paris; les mêmes religieuses à Wervicq; les Dames de la Sainte-Union à Roubaix et à Ennetières; les Sœurs de Bon-Secours à Roubaix.

En 1855, les Pères de la Compagnie de Marie à Tourcoing; les Frères Maristes à Esquermes; les Filles de l'Enfant Jésus à Frelinghien, Wasquehal et Péronne; les Dames de Saint-Maur à Lille; les Dames de l'Education chrétienne d'Argentan à Fournes; les Filles de l'Enfant Jésus à Mons-en-Barœul.....

En onze ans, soixante-cinq maisons se sont établies.

IV

Les cent dix-neuf communautés religieuses de l'arrondissement de Lille sont ainsi réparties : vingt communautés d'hommes et quatre-vingt-dix-neuf de femmes.

Parmi les communautés d'hommes, deux sont plus spécialement vouées à la prédication et à la direction spirituelle : les Pères de la Compagnie de Jésus à Lille, et les Pères de la Compagnie de Marie de Saint-Laurent-sur-Sèvres à Tourcoing.

Les Frères hospitaliers de Saint-Jean de Dieu dirigent l'établissement de Lommelet, qui compte 183 aliénés.

Les Frères de Saint-Gabriel sont à la tête d'un

pensionnat professionnel à Fives, où ils dirigent aussi l'institution des Sourds-muets et des Aveugles, qui comprend 40 élèves de la première catégorie et 18 de la seconde. Ils tiennent aussi l'école primaire communale.

Les seize autres communautés sont vouées à l'enseignement primaire, qu'elles donnent dans vingt-huit établissements. Le nombre des élèves est de 9,074.

Les Frères des Ecoles chrétiennes ont sept maisons, à Lille, Roubaix, Tourcoing, Wazemmes, Armentières, la Bassée et Wambrechies. Les Frères Maristes en ont aussi sept, à Beaucamps, Linselles, Annœullin, Quesnoy-sur-Deûle, Roncq, Santes et Esquermes. Les Frères de la Doctrine chrétienne de Vezelise ont deux maisons, à Loos et à Comines.

Les vingt communautés d'hommes comprennent 196 religieux.

V

Lorsque l'on envisage les communautés de femmes, ce qui frappe d'abord, c'est la variété de leurs occupations. Il semble qu'aucun moyen d'instruire et de soulager n'a pu échapper à leur zèle industrieux. On les voit prodiguer leurs soins aux vieillards et aux malades dans les hôpitaux ou à domicile, visiter les malheureux, enseigner la jeunesse pauvre, donner au riche une éducation solide et brillante, apprendre les premières notions aux enfants, élever les orphelins, les enfants abandonnés ainsi que les sourdes-muettes et les aveugles, ouvrir des réunions du Dimanche pour le délassement et l'instruction des jeunes filles, tenir des ouvroirs, offrir un refuge au repentir et des asiles de préservation, surveiller et instruire les détenus, soigner les aliénées. Sur un territoire de quelques lieues d'étendue, leur charité a embrassé toutes les misères humaines. Mais ce territoire compte 372,000 habitants.

Dans un grand nombre de maisons les religieuses ne restreignent point leur action à un seul objet, mais suivant les circonstances, l'étendent sur plusieurs œuvres à la fois.

Les 99 communautés de femmes sont réparties de la manière suivante :

Les Filles de la Charité de Saint-Vincent de Paul ont sept maisons, dont trois à Lille. Les quatre autres sont à Tourcoing, Armentières, Loos et Quesnoy-sur-Deûle.

Les Filles de l'Enfant Jésus, dont la maison-mère est à Lille et qui viennent d'acquérir l'ancien couvent des grands Carmes, ont vingt-sept maisons : six à Lille, deux à Roubaix, deux à Tourcoing. Les autres maisons sont à Beaucamps, Bondues, Comines, Deûlémont, Herlies, la Bassée, Lambersart, Linselles, Marcq-en-Barœul, Mons-en-Barœul, Templeuve, Verlinghem, Péronne, Frelinghien, Wasquehal, Wambrechies et Wervick.

Les Filles de la Sagesse ont huit maisons : trois à Lille, deux à Haubourdin. Les autres maisons sont à Halluin, Santes et Roubaix.

Les Dames de la Sainte-Union ont vingt-cinq maisons : à Annappes, Avelin, Baisieux, Bondues, Capelle, Camphin, Croix, Cysoing, Ennetières, Ennevelin, Faches, Fives, Flers, Fretin, Hem, la Bassée, Lannoy, Leers, Marcq-en-Barœul, Mons-en-Pevèle, Neuville-en-Ferrain, Pont-à-Marcq, Roubaix, Tourmignies et Wavrin.

Les Sœurs de la Sainte-Famille ont deux maisons : à Aubers et à Lompret.

Les Franciscaines ont quatre maisons : à Lille, Hellemmes, Lesquin et Moulins-Lille. Il existe aussi à Tourcoing une importante maison de Franciscaines.

Les Augustines ont quatre maisons: deux à Lille, une à Comines et une à Seclin.

Les Dames du Bon-Pasteur ont trois maisons : à Lille, Loos et Marcq-en-Barœul.

Les Sœurs de Bon-Secours et les Sœurs de N.-D. de la Treille ont chacune deux maisons : les premières à Lille et à Roubaix, les secondes à Lille et à Wazemmes.

Les Dames de Saint-Maur ont deux maisons : à Lille et à Armentières.

Il en est de même des Sœurs de la Providence (de Rouen), établies à Seclin et à Wambrechies, des Sœurs de la Providence (d'Avesnes), établies à Tourcoing et à Roncq, et des Dames de l'Education chrétienne d'Argentan, établies à Loos et à Fournes.

Les instituts qui n'ont qu'une maison dans l'arrondissement sont les Dames Bernardines à Esquermes; à Lille les Dames du Sacré-Cœur et les Petites-Sœurs des Pauvres; à la Madeleine-lez-Lille, les Sœurs de la Croix Saint-André; à Roubaix, les Carmélites; à Wazemmes les Sœurs de la Providence (de Portieux).

Ces religieuses tiennent dix-sept hôpitaux et hospices, cinquante-quatre établissements d'institution primaire, seize pensionnats avec externat pour les classes moyennes, six maisons d'éducation complète, dix-neuf salles d'asile, sept réunions du Dimanche très-nombreuses, cinq orphelinats spéciaux, dix ouvroirs. Neuf communautés visitent les pauvres à domicile. Ce sont des religieuses qui surveillent et instruisent les détenues de la maison d'arrêt de Lille.

Le nombre des élèves de tous rangs qui reçoivent l'enseignement des religieuses est de 13,500. Dans ce chiffre ne sont pas compris les enfants des salles d'asile spéciales qui forment seuls un nombre très-élevé.

Pour faire vivre et prospérer ces œuvres importantes, l'arrondissement de Lille possède 781 religieuses [1].

VI

A ces congrégations religieuses il faut joindre les associations de prêtres distingués qui, par l'enseignement des lettres et des sciences, aussi bien que par l'éducation parfaite qu'ils donnent, prennent une part si active au mouvement catholique et en assurent le développement.

Ces associations, au nombre de quatre, dirigent avec talent et succès deux institutions libres, l'une à Marcq, l'autre à Lille, et deux colléges communaux, celui de Tourcoing et celui de Roubaix.

Le collége de Tourcoing est le seul de ces établissements qui existât avant 1840. Les autres sont nés à différentes époques pour répondre à d'impérieuses nécessités. Ils sont restés fidèles à la pensée qui a présidé à leur fondation.

L'institution libre de Marcq-en-Barœul a été fondée en 1840. Depuis 1849, elle compte chaque année environ 250 pensionnaires.

Le collége libre de Saint-Joseph à Lille, fondé en 1847, a 197 élèves.

Le collége de Tourcoing est devenu très-important depuis que des ecclésiastiques ont été chargés de sa direction. Il a 162 pensionnaires et 175 externes.

Le collége de Roubaix, fondé en 1845, a 98 élèves.

[1] On compte 50,000 religieuses françaises. Un certain nombre d'entre elles est répandu sur toute la surface du globe.

VII

Il conviendrait, pour compléter cet exposé, d'indiquer les résultats obtenus par les sociétés charitables de laïques. Réunis dans le même but, à savoir l'assistance matérielle des classes inférieures et leur régénération morale, en même temps que l'union cordiale et sainte des riches entre eux et avec les pauvres, produite par l'esprit catholique, en moins de quinze ans et sous un nom glorieux pour la France, elles se sont propagées dans ce pays d'une manière providentielle. Mieux vaut rester incomplet que de froisser de pieuses susceptibilités en donnant le nombre immense des pauvres secourus, des apprentis et des ouvriers patronés et instruits, des unions facilitées ou légitimées. Ces bienfaits, dont les auteurs veulent rester ignorés, sont comme ces parfums délicats qui embaument l'air au loin, et dont on aime à respirer les émanations sans se demander où sont les vases qui les renferment ni quelles sont leurs dimensions.

Tel est le tableau de ce que l'on peut aussi appeler avec raison les richesses et les gloires de l'arrondissement de Lille.

On remarquera peut-être que dans l'énumération de tant d'églises récemment bâties ou restaurées, il n'a pour ainsi dire point été question de Lille même. Il faut avouer que, si sous tous les autres rapports, l'impulsion est partie de Lille comme du centre, sous celui-là du moins, l'exemple n'a pas été aussi complètement donné, malgré les besoins de populations nombreuses et forcément négligées. Les difficultés ont été longtemps insurmontables. Néanmoins, de notables embellissements ont eu lieu à Saint-Etienne, à Saint-André et dans la chapelle de la sainte Vierge à Saint-Maurice. Aujourd'hui les projets les plus magnifiques sont en voie d'exécution.

Il n'y avait donc pas d'exagération à dire que nulle part le mouvement catholique n'avait été aussi prononcé et n'avait donné autant de résultats dans une période de temps aussi courte. Quoique le mouvement ait été général en France, que l'on jette les yeux sur ce qui a été fait dans des arrondissements importants, et même dans des départements entiers, on verra que la plupart d'entre eux sont restés dans un état d'infériorité qui nous honore.

L'exposé de la situation est consolant; mais avant tout il doit être instructif. Il importe de ne pas résister au mouvement catholique, mais de l'étudier, de le comprendre et de le suivre. Si de grandes choses ont été faites, de plus grandes restent encore à faire, et ce n'est qu'à la condition de joindre à l'intelligence qui comprend, l'activité qui met en œuvre, que l'on obtiendra la stabilité dans les institutions, et qu'on pourra voir les progrès de l'industrie réglés et dirigés par les progrès de la foi, des bonnes mœurs et de la charité chrétienne dans tout le pays.

Lille, Typ. L. Lefort. 1856.

www.ingramcontent.com/pod-product-compliance
Lightning Source LLC
Chambersburg PA
CBHW060938050426
42453CB00009B/1069